PONS

Grammatik auf einen Blick

Latein

nur € 5,–

D1942132

Substantive

Die 1. oder a-Deklination

f.	Singular	Plural
	Erde	
Nom.	terra	terrae
Gen.	terrae	terrārum
Dat.	terrae	terrīs
Akk.	terram	terrās
Abl.	terrā	terrīs

Die Substantive der a-Deklination sind in der Regel Feminina. **Maskulin** sind jedoch: **poēta**, -ae *Dichter*, **agricola**, -ae *Bauer*, **nauta**, -ae *Seemann*.

Die 2. oder o-Deklination

Singular	m.	m.	n.
	Herr	*Junge*	*Geschenk*
Nom.	dominus	puer	dōnum
Gen.	dominī	puerī	dōnī
Dat.	dominō	puerō	dōnō
Akk.	dominum	puerum	dōnum
Abl.	dominō	puerō	dōnō
Plural			
Nom.	dominī	puerī	dōna
Gen.	dominōrum	puerōrum	dōnōrum
Dat.	dominīs	puerīs	dōnīs
Akk.	dominōs	puerōs	dōna
Abl.	dominīs	puerīs	dōnīs

- Die Substantive der o-Deklination auf **-us** und **-er** sind Maskulina, die auf **-um** Neutra. Ausnahmen: **humus**, -ī *Boden* ist Femininum, **vulgus**, -ī *Volk* ist Neutrum.
- Bei einigen Substantiven auf **-er** gehört das **-e-** zum Wortstock, d. h. es ist wie im Beispiel **puer** in allen Formen vorhanden. Zu dieser Gruppe gehören auch: **gener**, -ī *Schwiegersohn*, **socer**, -ī *Schwiegervater*, **līberī**, -ōrum *Kinder*. Bei den übrigen Substantiven entfällt das **-e-** außer im Nom. und Vok. Sg.: **ager**, **agrī** *Acker*.

Die 3. Deklination

Die Substantive der 3. Deklination teilen sich auf in **konsonantische** Stämme, **vokalische** bzw. **i-Stämme** und die so genannte **Mischklasse**.
Tipp: Da am Nom. Sg. oft weder Wortstock noch Genus zu erkennen sind, empfiehlt es sich, den Gen. Sg. und auch das Genus immer gleich mit dazuzulernen! Beispiel: **caput, capit-is n.** *Kopf*.

Konsonantische Stämme

Singular	m.	f.	n.
	Arbeit	*Volk*	*Körper*
Nom.	labor	nātiō	corpus
Gen.	labōris	nātiōnis	corporis
Dat.	labōrī	nātiōnī	corporī
Akk.	labōrem	nātiōnem	corpus
Abl.	labōre	nātiōne	corpore
Plural			
Nom.	labōrēs	nātiōnēs	corpora
Gen.	labōrum	nātiōnum	corporum
Dat.	labōribus	nātiōnibus	corporibus
Akk.	labōrēs	nātiōnēs	corpora
Abl.	labōribus	nātiōnibus	corporibus

Kennzeichen der konsonantischen Stämme sind die Endung **-e** im Abl. Sg., die Endung **-a** im Nom./Akk. Pl. n. und **-um** im Gen. Pl. in allen drei Genera.

i-Stämme

Singular	f.	n.
	Turm	*Meer*
Nom.	turris	mare
Gen.	turris	maris
Dat.	turrī	marī
Akk.	turrim	mare
Abl.	turrī	marī
Plural		
Nom.	turrēs	maria
Gen.	turrium	marium
Dat.	turribus	maribus
Akk.	turrīs/-ēs	maria
Abl.	turribus	maribus

Kennzeichen der i-Stämme sind **-im** im Akk. Sg. f., **-ī** im Abl. Sg., **-ia** im Nom./Akk. Pl. der Neutra, **-īs** im Akk. Pl. der Feminina und **-ium** im Gen. Pl.
Zu den i-Stämmen zählen außerdem die Feminina: **sitis**, -is *Durst*, **febris**, -is *Fieber* sowie **vīs** *Kraft, Gewalt*, das nur folgende Formen bildet:

Sg. **vīs**, —, —, **vim**, **vī**
Pl. vīrēs, vīrium, vīribus, vīrēs, vīribus

Neutra sind die Substantive auf **-ar**, **-e**, **-al**: **exemplar**, -is *Muster*, **mare**, -is *Meer*, **animal**, -is *Lebewesen*.

Mischklasse

Singular	m.	f.	n.
	Bürger	*Stadt*	*Herz*
Nom.	cīvis	urbs	cor
Gen.	cīvis	urbis	cordis
Dat.	cīvī	urbī	cordī
Akk.	cīvem	urbem	cor
Abl.	cīve	urbe	corde
Plural			
Nom.	cīvēs	urbēs	corda
Gen.	cīvium	urbium	cordium
Dat.	cīvibus	urbibus	cordibus
Akk.	cīvēs	urbēs	corda
Abl.	cīvibus	urbibus	cordibus

Kennzeichen der Mischklasse – so benannt, da sie den Sg. wie die konsonantischen, den Gen. Pl. wie die i-Stämme bildet – sind **-e** im Abl. Sg., **-a** im Nom./Akk. Pl. der Neutra und **-ium** im Gen. Pl.

Die 4. oder u-Deklination

Singular	m.	n.
	Wagen	*Horn*
Nom.	currus	cornū
Gen.	currūs	cornūs
Dat.	curruī	cornū
Akk.	currum	cornū
Abl.	currū	cornū
Plural		
Nom.	currūs	cornua
Gen.	curruum	cornuum
Dat.	curribus	cornibus
Akk.	currūs	cornua
Abl.	curribus	cornibus

Die Substantive der u-Deklination auf **-us** sind in der Regel Maskulina, die auf **-u** Neutra. Ausnahme: Feminina sind **domus**, -ūs *Haus*, **manus**, -ūs *Hand*, **porticus**, ūs *Säulengang*.
Unregelmäßig gebildet wird **domus** *Haus*:

Sg. domus, domūs, domuī, domum, domō
Pl. domūs, domōrum/-uum, domibus, domōs/-ūs, domibus

Die 5. oder e-Deklination

f.	Singular	Plural
	Sache	
Nom.	rēs	rēs
Gen.	reī	rērum
Dat.	reī	rēbus
Akk.	rem	rēs
Abl.	rē	rēbus

Die Substantive der e-Deklination sind Feminina mit Ausnahme der Maskulina **diēs**, -ēī *Tag* (f. in der Bedeutung *Termin*), **meridiēs**, -ēī *Mittag*.

Zu allen Deklinationen

- Die Formen des Vokativs entsprechen immer dem Nominativ, mit Ausnahme der männlichen Substantive der o-Deklination: **domine!** *Herr!* Die **Sonderform** der Substantive auf **-ius** lautet: **mī fīlī!** *mein Sohn!*
- Die Neutra aller Deklinationen haben jeweils in Sg. und Pl. im Nom. und Akk. dieselben Endungen. Die Pluralendung im Nom./Akk. lautet immer **-a**.
- Die Formen von Dativ und Ablativ Plural sind immer gleich.
- Städte, Inseln und Länder sind immer feminin: **Rōma**, -ae *Rom*, **Corinthus**, -ī *Korinth*, **Dēlus**, -ī *Delus*, **Aegyptus**, -ī *Ägypten*.

Adjektive

Adjektive der a-/o-Deklination

Zu den Adjektiven der a- und o-Deklination gehören Adjektive auf **-us**, **-a**, **-um** sowie Adjektive auf **-er**. Bei einigen bleibt wie bei den Substantiven auf **-er** das **-e-** in allen Formen erhalten, z. B. **līber**, **lībera**, **līberum** *frei*, bei den anderen entfällt es, z. B. **pulcher**, **pulchra**, **pulchrum** *schön*. Daher ist es sinnvoll, den Nom Sg. f. und n. gleich mitzulernen! Wie bei den Substantiven der o-Deklination lautet der **Vokativ** des Maskulinum Singular **-e**.

Adjektive auf -us, -a, -um

bonus, -a, -um *gut*

Singular	m.	f.	n.
Nom.	bonus	bona	bonum
Gen.	bonī	bonae	bonī
Dat.	bonō	bonae	bonō
Akk.	bonum	bonam	bonum
Abl.	bonō	bonā	bonō
Plural			
Nom.	bonī	bonae	bona
Gen.	bonōrum	bonārum	bonōrum
Dat.	bonīs	bonīs	bonīs
Akk.	bonōs	bonās	bona
Abl.	bonīs	bonīs	bonīs

Adjektive auf -er

miser, -a, -um *elend*

Singular	m.	f.	n.
Nom.	miser	misera	miserum
Gen.	miserī	miserae	miserī
Dat.	miserō	miserae	miserō
Akk.	miserum	miseram	miserum
Abl.	miserō	miserā	miserō
Plural			
Nom.	miserī	miserae	misera
Gen.	miserōrum	miserārum	miserōrum
Dat.	miserīs	miserīs	miserīs
Akk.	miserōs	miserās	misera
Abl.	miserīs	miserīs	miserīs

ipse, ipsa, ipsum *selbst*

Singular			
Nom.	ipse	ipsa	ipsum
Gen.	ipsīus	ipsīus	ipsīus
Dat.	ipsī	ipsī	ipsī
Akk.	ipsum	ipsam	ipsum
Abl.	ipsō	ipsā	ipsō
Plural			
Nom.	ipsī	ipsae	ipsa
Gen.	ipsōrum	ipsārum	ipsōrum
Dat.	ipsīs	ipsīs	ipsīs
Akk.	ipsōs	ipsās	ipsa
Abl.	ipsīs	ipsīs	ipsīs

Relativpronomen

quī, quae, quod *der, welcher*

Singular			
Nom.	quī	quae	quod
Gen.	cuius	cuius	cuius
Dat.	cui	cui	cui
Akk.	quem	quam	quod
Abl.	quō	quā	quō
Plural			
Nom.	quī	quae	quae
Gen.	quōrum	quārum	quōrum
Dat.	quibus	quibus	quibus
Akk.	quōs	quās	quae
Abl.	quibus	quibus	quibus

Interrogativpronomen

quis?, quid? *wer?, was?*, Gen. cuius?, Dat. cui?, Akk. quem? quid?, Abl. ā quō?
quī?, quae?, quod? *welcher?* bildet die Formen wie das Relativpronomen.
uter?, utra?, utrum? *wer von beiden?* (subst. und adj.) – zur Formenbildung siehe Pronominaladjektive.

Indefinitpronomen

1. *jemand, irgendeiner, irgendetwas*

Die Formen von **aliquis**, **aliquid** *irgendeiner, jemand, irgendetwas* (subst.) und **aliquī**, **aliqua**, **aliquod** *irgendein* (adj.) bilden sich aus dem unveränderlichen ali- und den Formen des Relativpronomens: Gen. ali-**cuius**, Dat. ali-**cui** etc. Diese Pronomen werden nur in Sätzen mit **bejahtem** Sinn verwendet:
Hīc dīcat aliquis. *Hier könnte einer sagen.*
Merke: Nach **sī** *(wenn)*, **nisī** *(wenn nicht)*, **nē** *(dass nicht, damit nicht)* und **num** *(ob)* fällt das Wörtchen **ali-** um: Sī quis dīcit ... *Wenn irgendjemand sagt ...*

In Sätzen mit **verneintem** Sinn wird **quisquam**, **quicquam** *irgendjemand, irgendetwas* (subst.) gebraucht: neque quisquam *und niemand*.
Die Silbe -quam bleibt erhalten, quis-/quic- wird wie das Relativpronomen dekliniert: Gen. **cuius**-quam, Dat. **cui**-quam etc.
Adjektivisch wird **ūllus**, **-a**, **-um** *irgendein, -eine* verwendet (zur Deklination siehe Pronominaladjektive): sine ūllā spē *ohne jegliche Hoffnung*.

2. *ein gewisser*

Bei **quīdam**, **quaedam**, **quiddam** (subst.) und **quīdam**, **quaedam**, **quoddam** (adj.) *ein gewisser* bleibt die Endsilbe -dam erhalten, der erste Bestandteil wird wie das Relativpronomen dekliniert: Gen. **cuius**-dam, Dat. **cui**-dam etc.
Besondere Formen: Akk. Sg. m. **quendam**, Akk. Sg. f. **quandam**, Gen. Pl. m./n. **quorundam**, Gen. Pl. f. **quarundam**
Mit quīdam kann man bestimmte Personen bezeichnen, die man nicht näher nennen kann oder will (ōrātor quīdam *ein (gewisser) Redner*), es kann aber auch abschwächende oder verstärkende Bedeutung haben: mīrificus quīdam cāsus *ein außerordentlich merkwürdiger Zufall*.

3. *jeder*

quisque, **quidque** (subst.) und **quisque**, **quaeque**, **quodque** (adj.) *jeder (einzelne)* werden wie das Relativpronomen dekliniert, -que bleibt unverändert: Gen. **cuius**-que, Dat. **cui**-que etc. quisque wird immer nachgestellt: optimus quisque *gerade die Besten, alle Guten*.

quīvīs, **quaevīs**, **quidvīs** und **quīlibet**, **quaelibet**, **quidlibet** (subst.), **quīvīs**, **quaevīs**, **quodvīs** und **quīlibet**, **quaelibet**, **quodlibet** (adj.) *jeder beliebige* bilden ihre Formen entsprechend: Gen. **cuius**-vīs, **cuius**-libet, Dat. **cui**-vīs, **cui**-libet etc.

uterque, **utraque**, **utrumque** (adj. und subst.) *jeder (von beiden)* wird nach der a-/o-Deklination gebildet, mit Ausnahme von Gen. und Dat. Sg.: utrīusque, utrīque.

4. *niemand, nichts*

Substantivisch werden **nēmō** *niemand* und **nihil** *nichts* verwendet, adjektivisch **nūllus**, **-a**, **-um** *kein*. Zur Deklination von nūllus, -a, -um siehe Pronominaladjektive, nēmō und nihil werden folgendermaßen dekliniert:

Nom.	nēmō	nihil
Gen.	nūllīus	nūllīus reī
Dat.	nūllī	nūllī reī
Akk.	nēminem	nihil
Abl.	nūllō	nūllā rē

Zur Deklination von **neuter**, **neutra**, **neutrum** *keiner (von beiden)* siehe Pronominaladjektive.

Pronominaladjektive

Darunter werden folgende Wörter zusammengefasst:

ūnus, -a, -um	*einer, ein einziger*
alter, -era, -erum	*der eine/andere (von beiden)*
sōlus, -a, -um	*allein*
tōtus, -a, -um	*ganz*
ūllus, -a, -um	*(irgend)einer*
nūllus, -a -um	*keiner*
uter, -tra, -trum	*wer (von beiden)*
neuter, -tra, -trum	*keiner (von beiden)*
aliī ... aliī	*die einen ... die anderen*
alius, -a, -ud (Gen. **alterīus**!)	*ein anderer*

Die Pronominaladjektive werden folgendermaßen dekliniert: Gen. Sg. **-īus**, Dat. Sg. **-ī**, alle anderen Formen werden nach der a-/o-Deklination gebildet.

Infinitiv

Accusativ mit Infinitiv (AcI)

Der AcI besteht aus einem Subjektsakkusativ und einem Infinitiv Präsens (Gleichzeitigkeit), einem Infinitiv Perfekt (Vorzeitigkeit) oder einem Infinitiv Futur (Nachzeitigkeit). Im Deutschen wird er meist mit einem dass-Satz übersetzt.

Prädikat	Subjektsakk.	Infinitiv
Laetor	tē	venīre.
Ich freue mich,	*dass du*	*kommst.*
Crēdēbam	tē	venisse.
Ich glaubte,	*dass du*	*gekommen bist.*
	tē	venturum esse.
	dass du	*kommen wirst.*

Der AcI steht als
- **Objekt**
  - nach Verben des Sagens, Meinens und Wissens: Putō/sciō eum Rōmam venīre. *Ich glaube/ich weiß, dass er nach Rom kommt.*
  - nach Verben der Wahrnehmung und des Gefühls: Quereris eum nōn venisse. *Du beklagst dich, dass er nicht gekommen ist.*
  - nach Verben der Willensäußerung: Volō eōs fēlīcēs esse. *Ich will, dass sie glücklich sind.*
  - nach Verben des Veranlassens und Hinderns: Iubeō/vetō tē labōrāre. *Ich befehle/verbiete dir zu arbeiten.*
- **Subjekt**
  - nach unpersönlichen Ausdrücken: Cōnstat Socratem virum sapientissimum fuisse. *Es ist bekannt, dass Sokrates ein sehr weiser Mann war.*

Werden bestimmte Verben, die im Aktiv mit AcI stehen, ins Passiv gesetzt, so wird aus dem Akkusativ ein Nominativ mit Infinitiv, ein **NcI**.
Socrates vir sapientissimus fuisse dīcitur. *Sokrates soll ein sehr weiser Mann gewesen sein.*

Partizipien

Häufiger als die attributive Verwendung eines Partizips (labōrēs āctī *erledigte Arbeiten*) ist dessen prädikative Verwendung als satzwertige Konstruktion: das **Participium coniunctum** und der so genannte **Ablativus absolutus**.

Participium coniunctum

Das Participium coniunctum (PC) stimmt in Kasus, Numerus und Genus mit seinem Bezugswort überein und stellt einen Ersatz für einen Satz dar. Der logische Zusammenhang – temporal, kausal, konditional, konzessiv, final oder modal – der Partizipialkonstruktion zum übergeordneten Prädikat ist zu erschließen. Das PC kann durch einen Nebensatz, einen beigeordneten Hauptsatz oder einen präpositionalen Ausdruck übersetzt werden. Das PPA steht für Gleichzeitigkeit, das PPP für Vorzeitigkeit, das PFA für Nachzeitigkeit.
Amīcī invitātī nōn vēnērunt.
Obwohl *die Freunde eingeladen waren, kamen sie nicht.*
Die Freunde waren eingeladen, ***dennoch*** *kamen sie nicht.* ***Trotz*** *Einladung kamen die Freunde nicht.*
Gāiō cēnāntī epistula tua reddita est.
Während *Gaius aß, wurde ihm dein Brief gebracht.*
Während *des Essens wurde Gaius ...*

Ablativus absolutus

Der „losgelöste" Ablativ besteht aus einem Nomen und einem Partizip im Ablativ, das in Numerus und Genus mit seinem Bezugswort übereinstimmt. Er ist jedoch **nicht** von einem Teil des übrigen Satzes **abhängig** und bezeichnet einen näheren Umstand der Haupthandlung. Für die Übersetzung gilt Ähnliches wie für das PC.
Trōiā dēlētā Aeneās in Italiam vēnit.
Nachdem/Da *Troja zerstört (worden) war, kam Aeneas nach Italien.*
Nach/Aufgrund *der Zerstörung Trojas ...*
Statt einem Partizip kann auch ein Prädikatsnomen (Adjektiv/Substantiv) im Ablativ stehen:
Cicerōne cōnsule *unter Ciceros Konsulat*,
Hannibale vīvō *zu Hannibals Lebzeiten*.

Konjunktionen

Nebensätze werden durch Konjunktionen eingeleitet, die den Konjunktiv oder Indikativ erfordern. Die wichtigsten mehrdeutigen Konjunktionen:

cum + Konj.

historicum	*als*
causale	*da, weil*
concessivum	*obwohl*
adversativum + Ind.	*während, wohingegen*
temporale	*damals, als*
iterativum	*jedesmal (wenn)*
inversivum	*als plötzlich, da*
explicativum	*indem, dadurch dass*
(primum) + Ind. Perf.	*sobald als*

ut + Konj.

final	*dass, damit, um zu*
aber: nach Verben des Fürchtens *dass nicht*	
konsekutiv	*(so) dass*
konzessiv + Ind.	*wenn auch, obwohl*
komparativ	*wie*
(primum) + Ind. Perf.	*sobald als*

nē + Konj.

final	*dass nicht, damit nicht, um nicht zu*
aber: nach Verben des Fürchtens/Hinderns *dass*	

quin + Konj.

konsekutiv	*dass nicht*
aber: nach verneinten Verben des Hinderns *dass*	
nach **nōn dubitāre**	*dass*

quod + Ind.

kausal (auch + Konj. obliquus als „Konj. der fremden Meinung")	*weil*
„faktisches" quod	*weil, (die Tatsache) dass*

Konjugationen

Regelmäßige Verben

Die regelmäßigen Verben werden nach dem Ausgang des Präsensstamms in fünf Konjugationen eingeteilt: **a-Konjugation** (laudā-re *loben*), **e-Konjugation** (monē-re *ermahnen*), **i-Konjugation** (audī-re *hören*), **konsonantische Konjugation** (ag-ere *tun*) und **gemischte Konjugation** (cap-ere *fangen*, metu-ere *fürchten*).

Vom **Präsensstamm** werden alle Formen von Präsens, Imperfekt, Futur I, Partizip Präsens Aktiv (PPA), Gerundium und Gerundivum gebildet.

Zu Konstruktionen mit **Gerundium / Gerundiv** siehe PONS Verben auf einen Blick Latein.

Mit dem Perfektstamm bildet man die Aktivformen von Perfekt, Plusquamperfekt, Futur II und Infinitiv Perfekt. Der Perfektstamm wiederum kann auf unterschiedliche Weise gebildet sein als:

- **Dehnungsperfekt:** legere *sammeln* ▶ **lēg**-ī
- **Ablautperfekt:** capere *fangen* ▶ **cēp**-ī
- **Reduplikationsperfekt:** currere *laufen* ▶ **cucurr**-ī
- **s-Perfekt:** scrībere *schreiben* ▶ **scrīps**-ī
- **v-Perfekt:** laudāre *loben* ▶ **laudāv**-ī
- **u-Perfekt:** monēre *mahnen* ▶ **monu**-ī
- **Stammperfekt:** dēfendere *verteidigen* ▶ **dēfend**-ī

Alle Perfekttypen bilden ihre Formen auf dieselbe Weise wie das folgende Beispiel **monēre**:

Perfekt Indikativ	Plusquamperfekt Indikativ	Futur II
monuī	monueram	monuerō
monuistī	monueras	monueris
monuit	monuerat	monuerit
monuimus	monuerāmus	monuerimus
monuistis	monuerātis	monueritis
monuērunt	monuerant	monuerint

Perfekt Konjunktiv	Plusquamperfekt Konjunktiv	Infinitiv Perfekt Aktiv
monuerim	monuissem	monuisse
monueris	monuissēs	
monuerit	monuisset	
monuerimus	monuissēmus	
monueritis	monuissētis	
monuerint	monuissent	

Mit dem Supinstamm und Formen von **esse** werden Perfekt, Plusquamperfekt und Futur II Passiv, Infinitiv Perfekt Passiv, Partizip Perfekt Passiv (PPP), Supin, Infinitiv Futur Aktiv, Partizip Futur Aktiv (PFA) gebildet.

	Perfekt Indikativ	Perfekt Konjunktiv
1. Ps. Sg.	monitus, -a, -um sum …	monitus, -a, -um sim …
1. Ps. Pl.	monitī, -ae, -a sumus …	monitī, -ae, -a sīmus …
	Plusquamperfekt Indikativ	**Plusquamperfekt Konjunktiv**
1. Ps. Sg.	monitus, -a, -um eram …	monitus, -a, -um essem …
1. Ps. Pl.	monitī, -ae, -a erāmus …	monitī, -ae, -a essēmus …
	Partizip Perfekt Passiv (PPP)	**Supin**
	monitus, -a, -um	monitum
	Infinitiv Perfekt Passiv	
	monitum, -am, -um esse	
	Futur II	**Partizip Futur Aktiv (PFA)**
1. Ps. Sg.	monitus, -a, -um erō …	monitūrus, -a, -um
1. Ps. Pl.	monitī, -ae, -a erimus …	
	Infinitiv Futur Aktiv	
	monitūrum, -am, -um esse	

Zur Verwendung der **Zeiten** sowie von **Konjunktiv** und **Indikativ** s. PONS Verben auf einen Blick Latein.

Aktiv

Zeit	Ps.	a-Konjugation	e-Konjugation	i-Konjugation	konsonantische Konjugation	gemischte Konjugation
Präsens Indikativ	1.	laudō	moneō	audiō	agō	capiō
	2.	laudās	monēs	audīs	agis	capis
	3.	laudat	monet	audit	agit	capit
	1.	laudāmus	monēmus	audīmus	agimus	capimus
	2.	laudātis	monētis	audītis	agitis	capitis
	3.	laudant	monent	audiunt	agunt	capiunt
Präsens Konjunktiv	1.	laudem	moneam	audiam	agam	capiam
	2.	laudēs	moneās	audiās	agās	capiās
	3.	laudet	moneat	audiat	agat	capiat
	1.	laudēmus	moneāmus	audiāmus	agāmus	capiāmus
	2.	laudētis	moneātis	audiātis	agātis	capiātis
	3.	laudent	moneant	audiant	agant	capiant
Imperfekt Indikativ	1.	laudābam	monēbam	audiēbam	agēbam	capiēbam
	2.	laudābās	monēbās	audiēbās	agēbās	capiēbās
	3.	laudābat	monēbat	audiēbat	agēbat	capiēbat
	1.	laudābāmus	monēbāmus	audiēbāmus	agēbāmus	capiēbāmus
	2.	laudābātis	monēbātis	audiēbātis	agēbātis	capiēbātis
	3.	laudābant	monēbant	audiēbant	agēbant	capiēbant
Imperfekt Konjunktiv	1.	laudārem	monērem	audīrem	agerem	caperem
	2.	laudārēs	monērēs	audīrēs	agerēs	caperēs
	3.	laudāret	monēret	audīret	ageret	caperet
	1.	laudārēmus	monērēmus	audīrēmus	agerēmus	caperēmus
	2.	laudārētis	monērētis	audīrētis	agerētis	caperētis
	3.	laudārent	monērent	audīrent	agerent	caperent
Futur I	1.	laudābō	monēbō	audiam	agam	capiam
	2.	laudābis	monēbis	audiēs	agēs	capiēs
	3.	laudābit	monēbit	audiet	aget	capiet
	1.	laudābimus	monēbimus	audiēmus	agēmus	capiēmus
	2.	laudābitis	monēbitis	audiētis	agētis	capiētis
	3.	laudābunt	monēbunt	audient	agent	capient
Imperativ I	2.	laudā!	monē!	audī!	age!	cape!
	2.	laudāte!	monēte!	audīte!	agite!	capite!
Imperativ II	2./3.	laudātō!	monētō!	audītō!	agitō!	capitō!
	2.	laudātōte!	monētōte!	audītōte!	agitōte!	capitōte!
	3.	laudantō!	monentō!	audiuntō!	aguntō!	capiuntō!
PPA		laudāns, -ntis	monēns, -ntis	audiēns, -ntis	agēns, -ntis	capiēns, -ntis
Gerundium	Gen.	laudandī	monendī	audiendī	agendī	capiendī
Infinitiv Präsens		laudāre	monēre	audīre	agere	capere

Passiv

Zeit	Ps.	a-Konjugation	e-Konjugation	i-Konjugation	konsonantische Konjugation	gemischte Konjugation
Präsens Indikativ	1.	laudor	moneor	audior	agor	capior
	2.	laudāris	monēris	audīris	ageris	caperis
	3.	laudātur	monētur	audītur	agitur	capitur
	1.	laudāmur	monēmur	audīmur	agimur	capimur
	2.	laudāminī	monēminī	audīminī	agiminī	capiminī
	3.	laudantur	monentur	audiuntur	aguntur	capiuntur
Präsens Konjunktiv	1.	lauder	monear	audiar	agar	capiar
	2.	laudēris	moneāris	audiāris	agāris	capiāris
	3.	laudētur	moneātur	audiātur	agātur	capiātur
	1.	laudēmur	moneāmur	audiāmur	agāmur	capiāmur
	2.	laudēminī	moneāminī	audiāminī	agāminī	capiāminī
	3.	laudentur	moneantur	audiantur	agantur	capiantur
Imperfekt Indikativ	1.	laudābar	monēbar	audiēbar	agēbar	capiēbar
	2.	laudābāris	monēbāris	audiēbāris	agēbāris	capiēbāris
	3.	laudābātur	monēbātur	audiēbātur	agēbātur	capiēbātur
	1.	laudābāmur	monēbāmur	audiēbāmur	agēbāmur	capiēbāmur
	2.	laudābāminī	monēbāminī	audiēbāminī	agēbāminī	capiēbāminī
	3.	laudābantur	monēbantur	audiēbantur	agēbantur	capiēbantur
Imperfekt Konjunktiv	1.	laudārer	monērer	audīrer	agerer	caperer
	2.	laudārēris	monērēris	audīrēris	agerēris	caperēris
	3.	laudārētur	monērētur	audīrētur	agerētur	caperētur
	1.	laudārēmur	monērēmur	audīrēmur	agerēmur	caperēmur
	2.	laudārēminī	monērēminī	audīrēminī	agerēminī	caperēminī
	3.	laudārentur	monērentur	audīrentur	agerentur	caperentur
Futur I	1.	laudābor	monēbor	audiar	agar	capiar
	2.	laudāberis	monēberis	audiēris	agēris	capiēris
	3.	laudābitur	monēbitur	audiētur	agētur	capiētur
	1.	laudābimur	monēbimur	audiēmur	agēmur	capiēmur
	2.	laudābiminī	monēbiminī	audiēminī	agēminī	capiēminī
	3.	laudābuntur	monēbuntur	audientur	agentur	capientur
Gerundiv		laudandus, -a, -um	monendus, -a, -um	audiendus, -a, -um	agendus, -a, -um	capiendus, -a, -um
Infinitiv Präsens		laudā-rī	monē-rī	audī-rī	ag-ī	cap-ī

Deponentien

Unter einem **Deponens** versteht man ein Verb, das passive Formen, aber **aktive** oder **reflexive** Bedeutung hat. Jede Konjugation weist eine Reihe von Deponentien auf, z. B.:

arbitrārī *glauben, meinen*	arbitror	arbitrātus sum
fatērī *bekennen, gestehen*	fateor	fassus sum
mentīrī *lügen*	mentior	mentītus sum
sequī *begleiten, folgen*	sequor	secūtus sum
aggredī *angreifen*	aggredior	agressus sum

Partizip Präsens, Partizip Futur, Infinitiv Futur und Gerundium dagegen werden **aktiv** gebildet und haben ebenfalls aktive Bedeutung:
hortāns, -antis *ermahnend*
sequēns, -entis *folgend*

Einzig das Gerundivum hat, wie stets, passive Bedeutung:
hortandus *einer, der ermahnt werden muss*

Semideponentien sind Verben, die bei gleichbleibender Bedeutung aktive und passive Formen haben:

audēre	audeō	**ausus sum**
wagen	*ich wage*	*ich habe gewagt*
gaudēre	gaudeō	**gavīsus sum**
sich freuen	*ich freue mich*	*ich habe mich gefreut*
fīdere	fīdō	**fīsus sum**
vertrauen	*ich vertraue*	*ich habe vertraut*
revertī	revertor	**revertī**
zurückkehren	*ich kehre zurück*	*ich bin zurückgekehrt*

Unregelmäßige Verben

esse, sum, fuī *sein*

	Präsens Indikativ	Präsens Konjunktiv
1.	sum	sim
2.	es	sīs
3.	est	sit
1.	sumus	simus
2.	estis	sītis
3.	sunt	sint

	Imperfekt Indikativ	Imperfekt Konjunktiv
1.	eram	essem
2.	erās	essēs
3.	erat	esset
1.	erāmus	essēmus
2.	erātis	essētis
3.	erant	essent

	Futur I	Imperativ	
1.	erō		
2.	eris	es!	estō!
3.	erit		estō!
1.	erimus		
2.	eritis	este!	estōte!
3.	erunt	suntō!	

Perfekt, Plusquamperfekt und Futur II werden vom Perfektstamm **fu-** gebildet:

	Indikativ	Konjunktiv
Perfekt	fuī, fuistī, fuit, fuimus, fuistis, fuērunt	fuerim, fueris …
Plusquamperfekt	fueram …	fuissem …
Futur II	fuerō …	

Die Infinitive lauten:

Infinitiv Präsens	esse
Infinitiv Perfekt	fuisse
Infinitiv Futur	futurum, -am, -um esse

posse, possum, potuī *können*

Als Kompositum von **esse** (pot-esse) bildet **posse** seine Formen vor Personalendungen, die mit -s- beginnen, mit dem Stamm **pos-**, vor -e- mit **pot-**.

	Präsens Indikativ	
1.	**pos**sum	**pos**sumus
2.	**pot**es	**pot**estis
3.	**pot**est	**pos**sunt

Präsens Konjunktiv: possim, possīs, … possint
Imperfekt Indikativ: poteram, poterās, … poterant
Imperfekt Konjunktiv: **possem**, **possēs**, … **possent**
Futur I: poterō, poteris, … poterunt

Perfekt, Plusquamperfekt und Futur II werden vom Perfektstamm **potu-** gebildet:

	Indikativ	Konjunktiv
Perfekt	potuī …	potuerim …
Plusquamperfekt	potueram …	potuissem …
Futur II	potuerō …	

velle, nōlle, mālle

velle *wollen*	volō	voluī
nōlle *nicht wollen*	nōlō	nōluī
mālle *lieber wollen*	mālō	māluī

	velle	nōlle	mālle
Präsens Indikativ	volō	nōlō	mālō
	vīs	**nōn vīs**	māvis
	vult	**nōn vult**	māvult
	volumus	nōlumus	mālumus
	vultis	**nōn vultis**	māvultis
	volunt	nōlunt	mālunt
Präsens Konjunktiv	velim	nōlim	mālim
	velīs	nōlīs	mālīs
	…	…	…
Imperfekt Indikativ	volēbam	nōlēbam	mālēbam
	volēbās	nōlēbās	mālēbās
	…	…	…
Imperfekt Konjunktiv	vellem	nōllem	māllem
	vellēs	nōllēs	māllēs
	…	…	…
Futur I	volam	nōlam	mālam
	volēs	nōlēs	mālēs
	…	…	…
Imperativ I	—	nōli! nōlite!	—

Die übrigen Zeiten werden von den Perfektstämmen **volu-**, **nōlu-**, **mālu-** gebildet: voluī, volueram, nōluisset, nōlueris, māluērunt, māluerātis etc.

ferre, ferō, tulī, lātum *tragen*

Der Präsensstamm von **ferre** lautet **fer-**; vor Endungen, die mit -r-, -s- oder -t- beginnen, fehlt der Themavokal.

	Aktiv	Passiv
Präsens Indikativ	ferō	feror
	fers	ferris
	fert	fertur
	ferimus	ferimur
	fertis	ferimini
	ferunt	feruntur
Präsens Konjunktiv	feram	ferar
	ferās	ferāris
	…	…
Imperfekt Indikativ	ferēbam	ferēbar
	ferēbās	ferēbāris
	…	…
Imperfekt Konjunktiv	ferrem	ferrer
	ferrēs	ferrēris
	…	…
Futur I	feram	ferar
	ferēs	ferēris
	…	…
Imperativ I	fer! ferte!	—
Imperativ II	fertō! fertōte! feruntō!	—

Die übrigen Zeiten werden vom Perfektstamm **tul-** bzw. im Passiv vom Supinstamm **lāt-** gebildet: tulī, tuleram, tulerō, lātus, -a, -um sum/eram/erō.

īre, eō, iī, itum *gehen*

	Indikativ		Konjunktiv	
Präsens	**e**ō	īmus	**e**am	**e**āmus
	īs	ītis	**e**ās	**e**ātis
	it	**e**unt	**e**at	**e**ant
Imperfekt	ībam		īrem	
	ībās		īrēs	
	…		…	
Futur I	ībō			
	ībis			
	…			
Imperativ I	ī! īte!			
Imperativ II	ītō! ītōte! euntō!			
PPA	iēns, **e**untis			
PFA	itūrus, -a, -um			
Gerundium	**e**undī, **e**undō …			
Gerundiv	**e**undum (est)			

Vom Perfektstamm **i-** werden gebildet:
Perfekt Indikativ: iī, **ī**stī, iit, iimus, **ī**stis, iērunt
Perfekt Konjunktiv: ierim, ieris, … ierint
Plusquamperfekt Indikativ: ieram, ierās, … ierant
Plsuquamperfekt Konjunktiv: **ī**ssem, **ī**ssēs, … **ī**ssent
Futur II: ierō, ieris, …, ierint
Infinitiv Perfekt: **ī**sse

fierī, fīō, factus sum *werden, geschehen*

Das Verb **fierī** wird trotz seines passiven Infinitiv Präsens aktivisch wie **audīre** (ī-Konjugation) vom Präsensstamm **fī-** konjugiert.

	Indikativ		Konjunktiv	
Präsens	fīō	fīmus	fīam	fīāmus
	fīs	fītis	fīās	fīātis
	fīt	fīunt	fīat	fīant
Imperfekt	fīēbam		fierem	
	fīēbās		fierēs	
	…		…	
Futur I	fīam			
	fīēs			
	…			
Imperativ	fī!			
	fīte!			

Das Partizip Futur wird durch **futūrus**, **-a**, **-um** ersetzt, der Infinitiv Futur durch **futūrum**, **-am**, **-um esse**. Als Perfekt, Plusquamperfekt und Futur II werden die Passivformen von **facere** *machen, tun* eingesetzt: factus, -a, -um sum/sim/eram/essem/erō
Auch das Gerundiv ist von **facere** *entliehen*: faciendus, -a, -um
Die Formen von **fierī** können auch als Passiv von **facere** *dienen*.

Kasusfunktionen

Der einfache Satz aus Subjekt und Prädikat kann durch **Objekte** im Akkusativ, Dativ und Genitiv sowie durch **Adverbiale** (Umstandsbestimmungen) zur Bezeichnung des Mittels, des Grundes, des Zweckes, der Art und Weise, der Zeit und des Ortes im Ablativ, Akkusativ, Genitiv und Dativ mit oder ohne Präpositionen erweitert werden. Die einzelnen Kasus können also verschiedene Funktionen übernehmen.

Akkusativ

Der Akkusativ bezeichnet die Person oder Sache, auf die sich eine Tätigkeit richtet („wen?"), die Ausdehnung bei Raum- und Zeitangaben auf die Fragen „wie lang/breit?, wie lange?" sowie die Richtung oder das Ziel auf die Frage „wohin?". Verben, die ein Akkusativobjekt oder direktes Objekt erfordern, heißen **transitive** Verben; **intransitive** Verben haben ein Dativ- oder anderes Objekt (indirektes Objekt) bei sich.

Als direktes **Objekt** steht der Akkusativ nach zahlreichen transitiven Verben:
Discipulī **magistrum** salutant. *Die Schüler begrüßen den Lehrer.*

Achtung: Einige lateinische transitive Verben sind im Deutschen intransitiv!

iubēre *befehlen*	sequī *folgen*
(ad)iuvāre *helfen*	ulcīscī *(sich) rächen*

Patrem sequitur. *Er folgt dem Vater.*
Iniūriam ulcīscor. *Ich räche mich für ein Unrecht.*

Einen **doppelten Akkusativ** erfordern:
putāre/dūcere/arbitrarī/existimāre *halten für*
habēre *haben, halten für*
facere/reddere *machen zu*
creāre *wählen zu*
appellāre/nōmināre *ernennen zu*
Socratem sapientem putāre *Sokrates für weise halten*
Cicerōnem cōnsulem creāre *Cicero zum Konsul wählen*

Adjektive der 3. Deklination

Die Adjektive der 3. Deklination teilen sich in **konsonantische** und **i-Stämme** auf.

Konsonantische Stämme

Diese Gruppe von Adjektiven hat im Abl. Sg. die Endung **-e**, im Gen. Pl. **-um** und im Nom./Akk. Pl. n. **-a**. Nach dieser Deklination bilden einige **einendige** (für alle drei Geschlechter eine Endung) **Adjektive** ihre Formen: **vetus**, veteris *alt*, **dīves**, divitis *reich*, **pauper**, pauperis *arm*.

Singular	m.	f.	n.
Nom.	vetus	vetus	vetus
Gen.	veter**is**	veter**is**	veter**is**
Dat.	veter**ī**	veter**ī**	veter**ī**
Akk.	veter**em**	veter**em**	vetus
Abl.	veter**e**	veter**e**	veter**e**
Plural			
Nom.	veter**ēs**	veter**ēs**	veter**a**
Gen.	veter**um**	veter**um**	veter**um**
Dat.	veter**ibus**	veter**ibus**	veter**ibus**
Akk.	veter**ēs**	veter**ēs**	veter**a**
Abl.	veter**ibus**	veter**ibus**	veter**ibus**

i-Stämme

Diese Gruppe hat im Abl. Sg. **-ī**, im Gen. Pl. **-ium** und im Nom./Akk. Pl. n. **-ia**.
Die i-Stämme umfassen **dreiendige**, **zweiendige** und **einendige** Adjektive.
dreiendig: **celer** m., **celeris** f., **celere** n. *schnell*
zweiendig: **gravis** m./f., **grave** n. *schwer*
einendig: **fēlīx** m./f./n. *glücklich*

Singular	m.	f.	n.
Nom.	celer	celer**is**	celer**e**
Gen.	celer**is**	celer**is**	celer**is**
Dat.	celer**ī**	celer**ī**	celer**ī**
Akk.	celer**em**	celer**em**	celer**e**
Abl.	celer**ī**	celer**ī**	celer**ī**
Plural			
Nom.	celer**ēs**	celer**ēs**	celer**ia**
Gen.	celer**ium**	celer**ium**	celer**ium**
Dat.	celer**ibus**	celer**ibus**	celer**ibus**
Akk.	celer**ēs**	celer**ēs**	celer**ia**
Abl.	celer**ibus**	celer**ibus**	celer**ibus**

Auch das einendige Partizip Präsens Aktiv, z. B. **laudāns**, laudantis *lobend*, folgt diesem Deklinationsschema, wenn es als Adjektiv verwendet wird (**ab excellentī ōrātōre** *von einem hervorragenden Redner*). Als Verbalformen gebraucht bilden sie den Abl. Sg. jedoch mit **-e** (**excellente ōrātōre** *während der Redner sich auszeichnete*).

Komparation

Regelmäßige Komparation

Beim **Komparativ** wird an den Wortstock eines Adjektivs die Endung **-ior** (m./f.) bzw. **-ius** (n.) angehängt. Der Komparativ wird wie die Adjektive der konsonantischen Stämme (siehe Adjektive der 3. Deklination) dekliniert.
Zur Bildung des **Superlativs** wird an den Wortstock **-issimus**, **-issima**, **-issimum** angefügt; die Deklination erfolgt nach dem Muster der Adjektive der o-/a-Deklination.

Positiv	Wortstock	Komparativ	Superlativ
longus, -a, -um *lang*	long-	-ior, -ius	-issimus, -a, -um
gravis, -is, -e *schwer*	grav-	-ior, -ius	-issimus, -a, -um
prūdēns, -ntis *klug*	prūdent-	-ior, -ius	-issimus, -a, -um

Die Adjektive auf **-er** der o- sowie der konsonantischen Deklination bilden den Superlativ mit **-rimus**, **-rima**, **-rimum**. Bei den Adjektiven auf **-lis** wird im Superlativ **-limus**, **-lima**, **-limum** angefügt.

Positiv	Wortstock	Komparativ	Superlativ
asper, -a, -um *rau*	asper-	-ior, -ius	-rimus, -a, -um
celer, -is, -e *schnell*	celer-	-ior, -ius	-rimus, -a, -um
facilis, -is, -e *leicht*	facil-	-ior, -ius	-limus, -a, -um

Unregelmäßige Komparation

bonus, -a, -um *gut*	melior, -ius	optimus, -a, -um
malus, -a, -um *schlecht*	pēior, -ius	pessimus, -a, -um
māgnus, -a, -um *groß*	māior, -ius	māximus, -a, -um
parvus, -a, -um *klein*	minor, -us	minimus, -a, -um
multī, -ae, -a *viele*	plūrēs, -a (Gen. Pl. -ium)	plūrimī, -ae, -a

Adverbien

Von den Adjektiven der a-/o-Deklination wird das **Adverb** gebildet, indem an den Wortstock die Endung **-ē** gefügt wird, von den Adjektiven der 3. Deklination durch Anfügung der Endung **-iter**. Stämme auf **-nt-**, z. B. **clemēns**, **-ntis** *mild, sanft*, fügen jedoch nur **-er** an.

Als **Komparativ** des Adverbs dient der Nom./Akk. Sg. n. des Komparativs des Adjektivs, der **Superlativ** wird wie der entsprechende Superlativ des Adjektivs gebildet, die Endung lautet hier **-ē**.

Adjektiv	Adverb	Komparativ	Superlativ
longus *lang*	long-**ē**	long-**ius**	long-**issimē**
miser *elend*	miser-**ē**	miser-**ius**	miser-**rimē**
celer *schnell*	celer-**iter**	celer-**ius**	celer-**rimē**
fortis *tapfer*	fort-**iter**	fort-**ius**	fort-**issimē**
sapiēns *weise*	sapient-**er**	sapient-**ius**	sapient-**issimē**

Unregelmäßige Bildung

bonus *gut*	bene	melius	optimē
malus *schlecht*	male	pēius	pessimē

Adverbien auf -ō:

crēbrō *häufig*, citō *schnell*, prīmō *zuerst*, subitō *plötzlich*, postrēmō *zuletzt*, rārō *selten*, vērō *wahrlich, aber* (**aber:** vērē *wirklich, wahrhaftig*), certō *genau, zuverlässig* (**aber:** certē *sicher, gewiss*)

Pronomen

Personalpronomen

Singular	1. Person	2. Person
Nom.	egō *ich*	tū *du*
Gen.	meī *meiner*	tuī *deiner*
Dat.	mihi *mir*	tibi *dir*
Akk.	mē *mich*	tē *dich*
Abl.	ā mē (mēcum) *von mir (mit mir)*	ā tē (tēcum) *von dir (mit dir)*
Plural		
Nom.	nōs *wir*	vōs *ihr*
Gen.	nostrī/nostrum *unser*	vestrī/vestrum *euer*
Dat.	nōbīs *uns*	vōbīs *euch*
Akk.	nōs *uns*	vōs *euch*
Abl.	ā nōbīs (nōbīscum) *von uns (mit uns)*	ā vōbīs (vōbīscum) *von euch (mit euch)*

Als nicht-reflexives Personalpronomen der 3. Person wird das Pronomen **is**, **ea**, **id** verwendet. Das reflexive Personalpronomen der 3. Person hat im Sg. und Pl. identische Formen: **suī** *seiner/ihrer*, **sibi** *sich*, **sē** *sich*, **ā sē (sēcum)** *von sich (mit sich)*.

Possessivpronomen

	Singular	Plural
1. Ps.	meus, -a, -um *mein*	noster, -stra, -strum *unser*
2. Ps.	tuus, -a, -um *dein*	vester, -stra, -strum *euer*
3. Ps.	suus, -a, -um *sein, ihr*	suus, -a, -um *ihr*

Die Formen der Possessivpronomen werden nach der a-/o-Deklination gebildet (Sonderform: Vok. Sg. m. von **meus**: **mī pater!** *mein Vater!*). **suus**, **-a**, **-um** wird nur reflexiv verwendet, also dann, wenn es sich auf das Subjekt rückbezieht; für das nicht-reflexive Possessivpronomen der 3. Pers. treten die Genitive von **is**, **ea**, **id** ein: **eius** bzw. **eōrum/eārum**.
Cornēlia mātrem **suam** videt. *Cornelia sieht ihre (eigene) Mutter.* Cornēlia mātrem **eius** videt. *Cornelia sieht ihre/seine Mutter* (einer anderen Person).

Demonstrativpronomen

Das Demonstrativpronomen **hic**, **haec**, **hoc** bezeichnet etwas, das im Bereich des Sprechenden (1. Person) liegt, **iste**, **ista**, **istud** etwas, das im Bereich des Angesprochenen (2. Person) liegt und **ille**, **illa**, **illud** den Bereich des Entfernteren (3. Person): hic liber *dieses (mein) Buch hier*, ille liber *dieses Buch dort*, istud officium *diese (von dir erwähnte) Pflicht*.

hic, haec, hoc *dieser*

Singular			
Nom.	hic	haec	hoc
Gen.	huius	huius	huius
Dat.	huic	huic	huic
Akk.	hunc	hanc	hoc
Abl.	hōc	hāc	hōc
Plural			
Nom.	hī	hae	haec
Gen.	hōrum	hārum	hōrum
Dat.	hīs	hīs	hīs
Akk.	hōs	hās	haec
Abl.	hīs	hīs	hīs

ille, illa, illud *jener*

Singular			
Nom.	ille	illa	illud
Gen.	illīus	illīus	illīus
Dat.	illī	illī	illī
Akk.	illum	illam	illud
Abl.	illō	illā	illō
Plural			
Nom.	illī	illae	illa
Gen.	illōrum	illārum	illōrum
Dat.	illīs	illīs	illīs
Akk.	illōs	illās	illa
Abl.	illīs	illīs	illīs

is, ea, id *der, dieser*

Singular			
Nom.	is	ea	id
Gen.	eius	eius	eius
Dat.	eī	eī	eī
Akk.	eum	eam	id
Abl.	eō	eā	eō
Plural			
Nom.	iī/eī	eae	ea
Gen.	eōrum	eārum	eōrum
Dat.	eīs/iīs	eīs/iīs	eīs/iīs
Akk.	eōs	eās	ea
Abl.	eīs/iīs	eīs/iīs	eīs/iīs

iste, ista, istud *der dort, dieser da*

Singular			
Nom.	iste	ista	istud
Gen.	istīus	istīus	istīus
Dat.	istī	istī	istī
Akk.	istum	istam	istud
Abl.	istō	istā	istō
Plural			
Nom.	istī	istae	ista
Gen.	istōrum	istārum	istōrum
Dat.	istīs	istīs	istīs
Akk.	istōs	istās	ista
Abl.	istīs	istīs	istīs

īdem, eadem, idem *derselbe*

Singular			
Nom.	īdem	eadem	idem
Gen.	eiusdem	eiusdem	eiusdem
Dat.	eīdem	eīdem	eīdem
Akk.	eundem	eandem	idem
Abl.	eōdem	eādem	eōdem
Plural			
Nom.	īdem/iīdem	eaedem	eadem
Gen.	eōrundem	eārundem	eōrundem
Dat.	eīsdem/iīsdem	eīsdem/iīsdem	eīsdem/iīsdem
Akk.	eōsdem	eāsdem	eadem
Abl.	eīsdem/iīsdem	eīsdem/iīsdem	eīsdem/iīsdem

Eine weitere Funktion des Akkusativs ist die Angabe der **Raum- und Zeiterstreckung**. Er steht auf die Fragen „wie hoch?, wie tief?, wie lang?, wie breit?, wie weit?, wie alt?, wie lange Zeit?".
Mūrus erat ducentōs pedēs altus. *Die Mauer war 200 Fuß hoch.*
Marcus vīgintī annōs natus est. *Marcus ist 20 Jahre alt.*

Der **Akkusativ der Richtung** ohne Präposition bezeichnet Richtung oder Ziel auf die Frage „wohin?" bei domum *nach Hause*, rūs *aufs Land* sowie Ortsnamen und Namen kleinerer Inseln.
domum/Rōmam īre *nach Hause/nach Rom gehen*
Bei größeren Inseln und anderen Ortsangaben tritt eine Präposition hinzu:
in urbem/in Crētam proficīscī *in die Stadt/nach Kreta aufbrechen.*

Bei Verben **der Bewegung** und **des Meldens** wird der Akkusativ zur Bezeichnung des Ziels auf die Frage „wohin?" mit Präposition (im Deutschen meist „wo?") verwendet:
in forum concurrere *auf dem Forum zusammenlaufen*
aliquid in urbem nūntiāre *etwas in der Stadt melden*

Dativ

Der Dativ steht auf die Frage „wem?" als **Objekt** nach

- transitiven Verben, z. B.:
  dare *geben* — mittere *schicken*
  dīcere *sagen* — nūntiāre *melden*
  Epistulam tibī mittō. *Ich schicke dir einen Brief.*
- intransitiven Verben:
  studēre *sich bemühen* — prōdesse *nützen*
  favēre *begünstigen* — nocēre *schaden*
  invidēre *beneiden* — parcere *schonen*
  servīre *dienen* — persuadēre *überreden, überzeugen*
  parcere hostī *den Feind schonen*
  studēre litterīs *sich mit den Wissenschaften befassen*
  Achtung: All diese Verben bilden ein unpersönliches Passiv!
  Mihī persuadētur. *Ich werde überredet/überzeugt.*
  Hostibus parcitur. *Die Feinde werden geschont.*
- unpersönlichen Ausdrücken:
  contingit *es glückt* — accidit *es geschieht*
  libet *es gefällt* — licet *es ist erlaubt*
  placet *es gefällt, man beschließt*
  Senātuī placuit. *Der Senat hat beschlossen.*

Der **Dativus possessivus** bezeichnet den Besitzer:
Domus patrī est. *Der Vater besitzt ein Haus.*
Mihī spēs salūtis est. *Ich habe Hoffnung auf Rettung.*

Mit dem **Dativus commodi** bzw. **incommodi** wird die Person oder Sache angegeben, zu deren Vor- oder Nachteil etwas geschieht.
Nōn scholae, sed vītae discimus. *Wir lernen nicht für die Schule, sondern für das Leben.*
Homo non sibi sōlī natus est. *Der Mensch ist nicht für sich allein geboren.*

Zur Bezeichnung des Zwecks oder der Wirkung wird der **Dativus finalis** verwendet, vor allem zusammen mit einem Dativ (commodi) der Person mit:

- esse *dienen, gereichen zu*
  praesidiō esse *zum Schutz dienen*
  honōrī esse *zur Ehre dienen*
  ūsuī esse *nützlich sein*
  cordī esse *am Herzen liegen*
  Hoc tibī ūsuī est. *Das ist nützlich für dich.*
- dare, vertere, tribuere *anrechnen, auslegen als*
  crīminī dare *zum Vorwurf machen*
  vitiō tribuere *als Fehler anrechnen*
  laudī vertere *als lobenswert anrechnen*
  Hoc tibī crīminī dō. *Das mache ich dir zum Vorwurf.*
- folgenden Wendungen:
  auxiliō arcessere/mittere/venīre *zu Hilfe rufen/schicken/kommen*

Zur Angabe der handelnden Person beim Gerundiv steht der **Dativus auctoris**:
Mihī liber legendus est. *Ich muss das Buch lesen.*

Genitiv

Der Genitiv bezeichnet die **Zugehörigkeit** einer Person oder Sache zu einer anderen oder den **Bereich**, in den eine Handlung fällt.

Der **Genitivus subiectivus** bezeichnet die Person, die etwas tut oder empfindet:
victōria Rōmānōrum *der Sieg der Römer,*
invidia Caesaris *der Neid Caesars.*

Mit dem **Genitivus obiectivus** wird das Ziel bzw. Objekt einer Handlung oder Empfindung angegeben:
victōria Rōmānōrum *der Sieg über die Römer,*
invidia Caesaris *der Neid auf Caesar.*
Achtung: Ob es sich um einen Gen. subiectivus oder obiectivus handelt, muss aus dem Zusammenhang entschieden werden. Es können auch beide zusammen verwendet werden:
Rōmānōrum spēs victōriae *die Hoffnung der Römer auf Sieg.*

Mit dem **Genitivus partitivus** gibt man das Ganze, von dem ein Teil genannt ist, an. Er steht bei Ausdrücken der Menge und des Maßes, Pronomina, Adverbien, Komparativen und Superlativen:
pars hominum *ein Teil der Menschen,*
hoc cōnsiliī *dieser Plan,*
Ubi terrārum? *Wo in aller Welt?,*
prīmus omnium *der Erste von allen.*

Nach folgenden Adjektiven und ihren Gegenteilen steht der

Genitivus obiectivus bzw.	**partitivus**:
cupidus/avidus *begierig*	particeps *teilhaftig*
(im)perītus *(un)kundig*	expers *nicht teilhaftig*
(im)memor *(nicht) eingedenk*	plēnus *voll*
potēns *mächtig*	

cupidus glōriae *auf Ruhm erpicht*
particeps ratiōnis *vernunftbegabt*

Der **Genitivus possessivus** wird zum Ausdruck eines Besitzverhältnisses oder im übertragenen Sinne bei unpersönlichem est/vidētur o. Ä. verwendet:
domus patris *das Haus meines Vaters,*
aedēs Iovis *der Tempel des Jupiter,*
cōnsulis est *es ist Aufgabe (Gewohnheit, Pflicht) des Konsuls,*
sapientis/sapientiae est *es zeugt von Klugheit.*

Die Angabe eines Wertes steht im **Genitivus pretii** nach folgenden Verben:
facere/aestimāre/dūcere/putāre *schätzen, achten*
esse/fierī/habērī *wert sein, gelten*
Haec rēs magnī/plūris/tantī/parvī/nihilī est. *Diese Sache ist viel/mehr/so viel/wenig/nichts wert.*

Der **Genitivus qualitatis** steht zur Angabe von Eigenschaft und Art, Maß und Zahl als Attribut oder Prädikatsnomen:
vir magnī ingeniī *ein Mann von großer Begabung,*
puella decem annōrum *ein Mädchen von zehn Jahren,*
Vir magnī ingeniī est. Der Mann ist sehr begabt.

Ablativ

Der Ablativ steht als Adverbiale vor allem auf die Fragen „woher?, wovon", wie?, womit?, wodurch?, wo?" und „wann?".

Der **Ablativus separativus** bezeichnet einen örtlichen Ausgangspunkt („woher?"). Er steht mit Präposition, außer bei Namen von Orten und kleineren Inseln, sowie bei domō *von zuhause* und rūre *vom Land*:
ex villa/a forō/Rōmā/domō venīre *aus dem Haus/vom Forum/von Rom/von zuhause kommen*

Mit dem **Ablativus originis** wird die soziale Herkunft ausgedrückt:
nōbilī genere nātus *aus vornehmer Familie,*
parentibus humilibus nātus *von Eltern aus niederem Stand.*

Der **Ablativus comparationis** bezeichnet beim Komparativ den Ausgangspunkt des Vergleichs; er ersetzt dann **quam** *als* + Nom./Akk.
Gāius Marcō (= quam Marcus) stultior est. *Gaius ist dümmer als Marcus.*

Der **Ablativus modi** gibt die Art und Weise an, wie etwas geschieht:
summā (cum) dīligentiā scrībere *mit größter Sorgfalt schreiben.*
Immer ohne Präposition stehen einige Ausdrücke:
iūre *zu Recht* — iniūriā *zu Unrecht*
casū *zufällig* — vī *mit Gewalt*
eōdem modō *auf dieselbe Weise*
hāc ratiōne *auf diese Weise*
eā condiciōne *unter dieser Bedingung*
eō consiliō *in dieser Absicht*

Der **Ablativus instrumentalis** bezeichnet das Mittel oder Werkzeug auf die Frage „womit?, wodurch?":
gladiō pūgnāre *mit dem Schwert kämpfen,*
currū/equō vehī *mit dem Wagen fahren/reiten,*
pedibus īre *zu Fuß gehen,*
memoriā tenēre *im Gedächtnis behalten.*

Mit dem **Ablativus causae** wird der Grund oder die Ursache („weshalb?) einer Handlung angegeben, besonders auch bei Verben der Gemütsbewegung:
famē/naufragiō perīre *verhungern/durch einen Schiffbruch ums Leben kommen,*
labōrāre morbō *an einer Krankheit leiden,*
gaudēre/laetārī/dolēre aliquā rē *sich über etwas freuen/Schmerz empfinden.*

Der Unterschied bei Komparativen wird durch den **Ablativus mensurae** auf die Frage „um wie viel?" bezeichnet:
paulō post *(um) wenig später,*
multō melior *um vieles besser.*

Der **Ablativus limitationis** gibt an, in welcher Hinsicht eine Handlung oder ein Zustand gilt, und steht auf die Frage „in welcher Beziehung?, woran?, worin?":
superāre/vincere/excellere virtūte *an (hinsichtlich der) Tapferkeit übertreffen,*
nomine liber *(nur) dem Namen nach frei.*

Der **Ablativus qualitatis** bezeichnet körperliche oder geistige Eigenschaften:
vir summā prūdentiā *ein Mann von größter Klugheit,*
maximā virtute esse *von größter Tapferkeit sein.*

Der Preis wird bei Verben des Kaufens und Verkaufens mit dem **Ablativus pretii** ausgedrückt:
parvō (pretiō) emere *für einen geringen Preis kaufen,*
magnō vendere *teuer verkaufen.*

Der **Ablativus loci** steht ohne Präposition bei Städten und kleineren Inseln sowie feststehenden Wendungen auf die Frage „wo?" (Häufig finden sich alte Lokativformen):
Rōmae *in Rom* — Athenīs *in Athen* — domī *zu Hause*
terrā marīque *zu Wasser und zu Lande*
domī bellīque *in Krieg und Frieden*
Ansonsten steht der Ablativ mit Präposition:
in Italiā *in Italien* — in Cretā *auf Kreta*

Den Zeitpunkt, wann oder innerhalb welcher Zeit etwas geschieht, gibt der **Ablativus temporis** an:
nocte/noctū *nachts* — aestāte *im Sommer*
trīgintā annīs *innerhalb von 30 Jahren*

Grammatik auf einen Blick Latein

von Maria Anna Söllner

Internet: www.pons.de • E-Mail: info@pons.de
Redaktion: Antje Wollenweber
Korrektorat: Hermann Tischleder, Bollendorf
Layout/Satz: **beluga**design, Stuttgart
Druck: Achilles, Celle
ISBN-10: 3-12-**561297**-7
ISBN-13: 978-3-12-**561297**-6

9 783125 612976

PONS
Latein
Grammatik auf einen Blick